Impressum
Verlag: BABADADA GmbH, Nedderfeld 112 , 22529 Hamburg
Geschäftsführer / Verlagsleitung: Harald Hof
Druck: Books on Demand GmbH, In de Tarpen 42, 22848 Norderstedt

Imprint
Publisher: BABADADA GmbH, Nedderfeld 112 , 22529 Hamburg, Germany
Managing Director / Publishing direction: Harald Hof
Print: Books on Demand GmbH, In de Tarpen 42, 22848 Norderstedt

shkolla

école

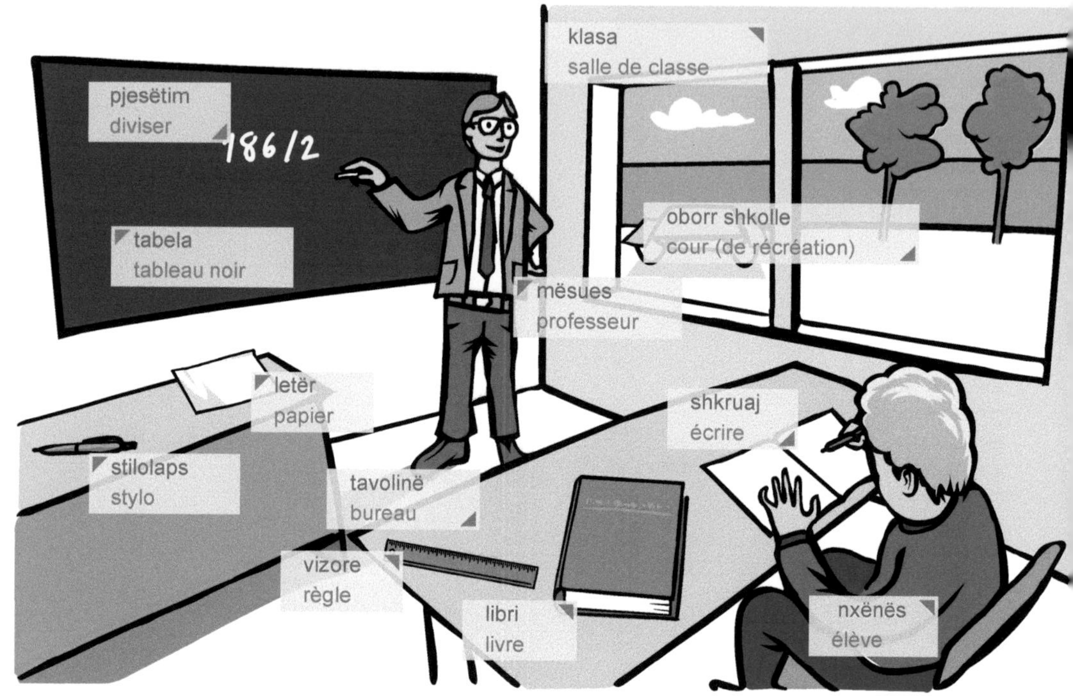
klasa
salle de classe
pjesëtim
diviser
186/2
tabela
tableau noir
oborr shkolle
cour (de récréation)
mësues
professeur
letër
papier
shkruaj
écrire
stilolaps
stylo
tavolinë
bureau
vizore
règle
libri
livre
nxënës
élève

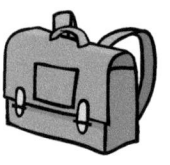

çantë

cartable

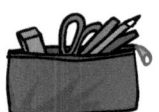

mbajtëse lapsash

trousse

laps

crayon

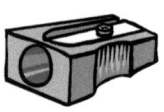

mprehës lapsash

taille-crayon

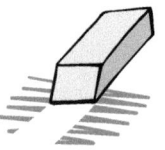

gomë

gomme

fletore vizatimi

carnet à dessin

vizatim

dessin

penel

pinceau

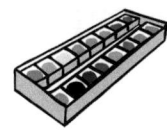

kuti bojërash

boîte de peinture

gërshërë

ciseaux

ngjitës

colle

fletore detyrash

cahier d'exercices

detyrë shtëpie

devoirs

numër

chiffre

mbledh

additionner

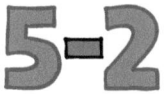

zbres

soustraire

shumëzoj

multiplier

llogaris

calculer

gërmë

lettre

alfabeti

alphabet

fjalë

mot

tekst

texte

lexoj

lire

shkumës

craie

mësim

leçon

regjistër

livre de classe

provim

examen

çertifikatë

certificat

uniformë shkolle

uniforme scolaire

arsimim

formation

enciklopedia

lexique

universitet

université

mikroskop

microscope

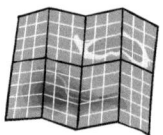

hartë

carte

kosh letrash

corbeille à papier

udhëtim

voyage

hotel
hôtel
Grand
bujtinë
auberge
ROOMS
EXCHANGE
pikë këmbimi valutor
bureau de change
valixhe
valise
makinë
voiture

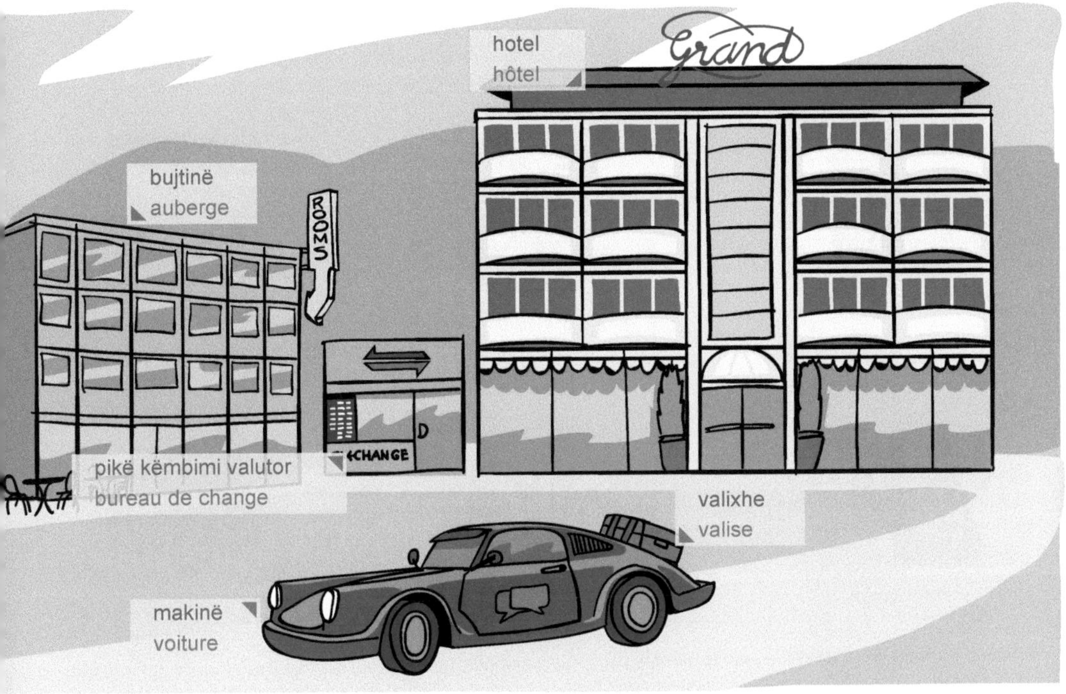

gjuhë

langue

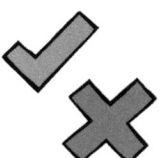

po / jo

oui / non

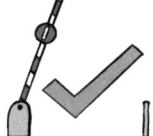

Në rregull

d'accord

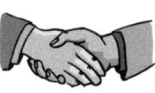

ç'kemi

Salut

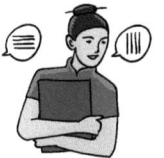

përkthyes

interprète

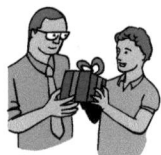

Faleminderit

merci

sa kushton…?

Combien coûte…?

nuk e kuptoj

Je ne comprends pas

problem

problème

Mirëmbrëma!

Bonsoir !

Mirëmëngjes!

Bonjour !

Natën e mirë!

Bonne nuit !

mirupafshim

Au revoir

drejtim

direction

bagazhet

bagages

çantë

sac

çantë shpine

sac-à-dos

mysafir

hôte

dhomë

pièce

thes gjumi

sac de couchage

tendë

tente

informacion për turistët

office de tourisme

plazh

plage

kartë krediti

carte de crédit

mëngjes

petit-déjeuner

drekë

déjeuner

darkë

dîner

Biletë

billet

ashensor

ascenseur

pulla

timbre

kufi

frontière

doganë

douane

ambasadë

ambassade

vizë

visa

pasaportë

passeport

transport
transport

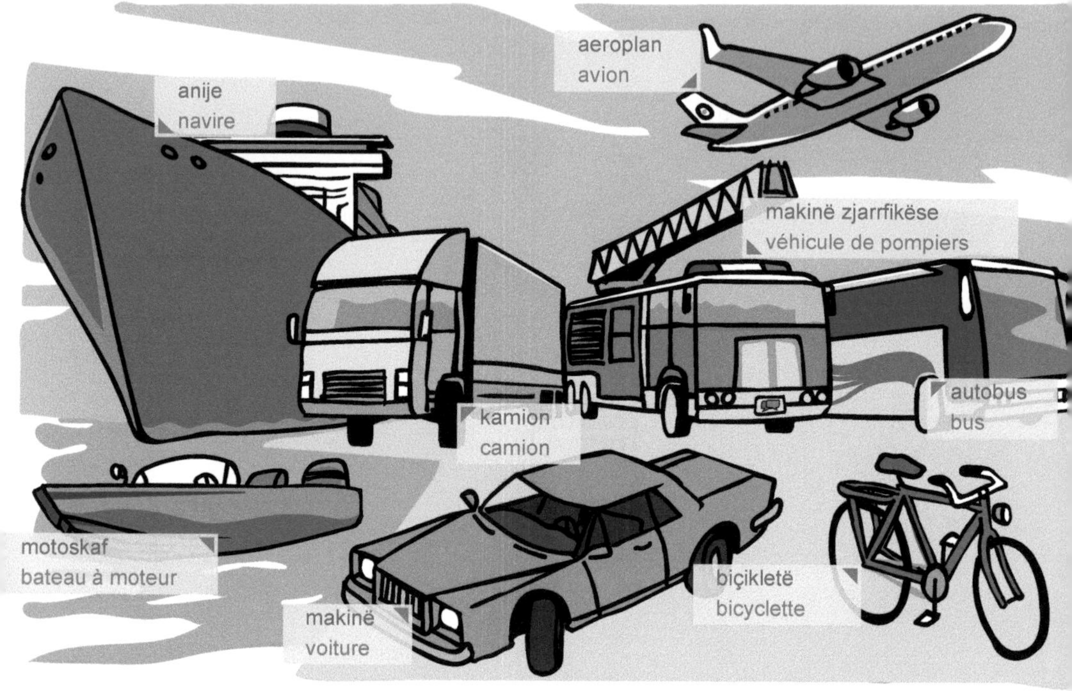

anije
navire
aeroplan
avion
makinë zjarrfikëse
véhicule de pompiers
kamion
camion
autobus
bus
motoskaf
bateau à moteur
makinë
voiture
biçikletë
bicyclette

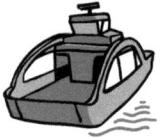

traget
ferry

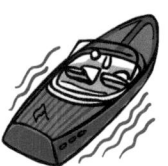

varkë
barque

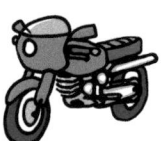

motoçikletë
moto

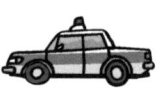

makinë policie
voiture de police

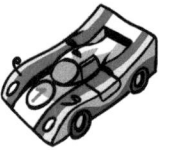

makinë garash
voiture de course

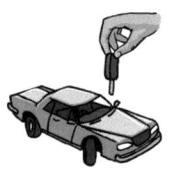

makinë me qira
voiture de location

ndarje e qirasë së makinës

auto-partage

karroatrec

voiture de remorquage

makinë plehrash

benne à ordures

motor

moteur

benzinë

essence

pikë karburanti

station d'essence

sinjalistikë trafiku

panneau indicateur

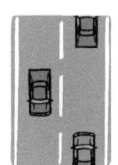

trafik

trafic

bllokim trafiku

embouteillage

parkim makinash

parking

stacion treni

gare

trase

rails

tren

train

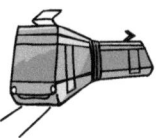

tramvaj

tramway

karro

wagon

helikopter
hélicoptère

aeroport
aéroport

kullë
tour

pasagjer
passager

kontenier
conteneur

kuti kartoni
carton

qerre
chariot

shportë
corbeille

ngrihem / ulem
décoller / atterrir

qytet
ville

fshat
village

qendra e qytetit
centre-ville

shtëpi
maison

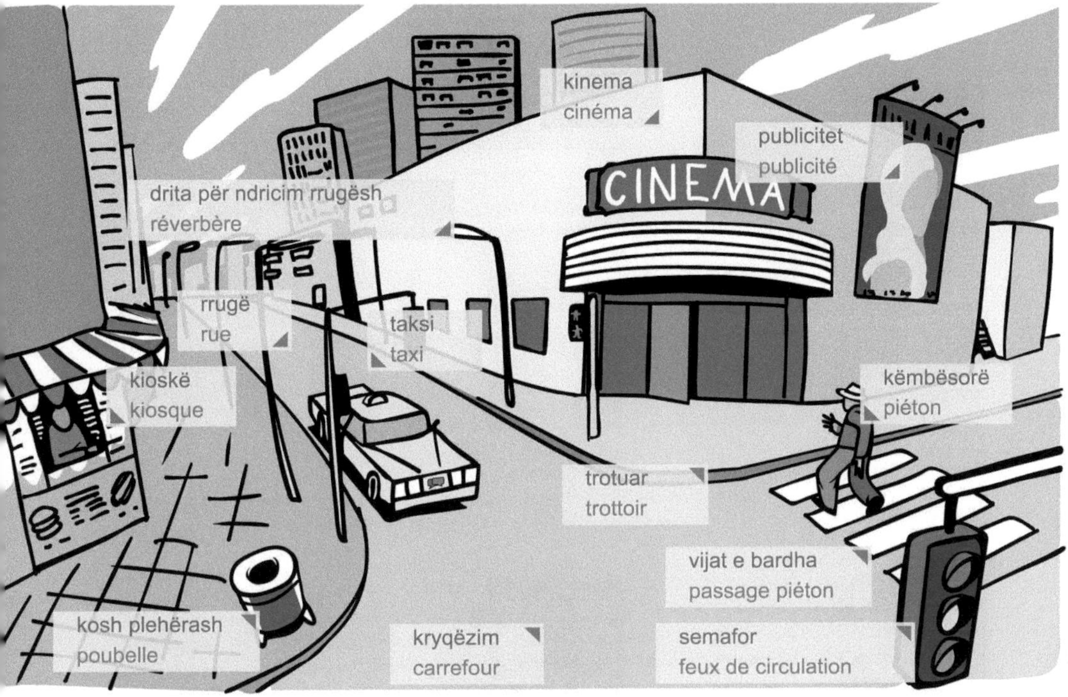

kinema
cinéma
publicitet
publicité
CINEMA
drita për ndricim rrugësh
réverbère
rrugë
rue
taksi
taxi
kioskë
kiosque
këmbësorë
piéton
trotuar
trottoir
vijat e bardha
passage piéton
kosh plehërash
poubelle
kryqëzim
carrefour
semafor
feux de circulation

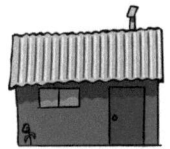

kasolle

cabane

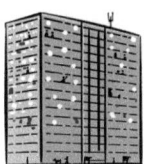

apartament

appartement

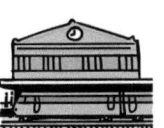

stacion treni

gare

bashki

mairie

MUSEUM

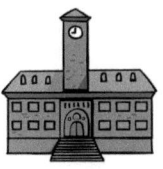

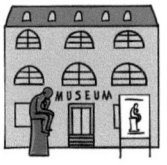

muze

musée

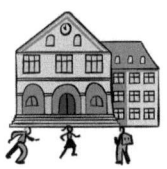

shkolla

école

universitet

université

bankë

banque

spital

hôpital

hotel

hôtel

farmaci

pharmacie

zyrë

bureau

librari

librairie

dyqan

magasin

dyqan lulesh

fleuriste

supermarket

supermarché

market

marché

mapo

grand magasin

dyqan peshku

poissonnerie

qëndër tregtare

centre commercial

port

port

park
parc

stol
banque

urë
pont

shkallë
escaliers

metro
métro

tunel
tunnel

stacion autobuzi
arrêt de bus

bar
bar

restorant
restaurant

kuti postare
boîte à lettres

sinjalistikë rrugore
panneau indicateur

kohëmatës parkimi
parcmètre

kopsht zoologjik
zoo

pishinë
piscine

xhami
mosquée

fermë
ferme

ndotje
pollution

varrezë
cimetière

kishë
église

shesh lojërash
aire de jeux

tempull
temple

peisazh

paysage

gjethe
feuille

tabela orientuese
panneau indicateur

rrugë
chemin

livadh
pré

gurë
pierre

ekskursionist
randonneur

pemë
arbre

lumë
rivière

bar
herbe

lule
fleur

luginë
vallée

kodër
montagne

liqen
lac

pyll
forêt

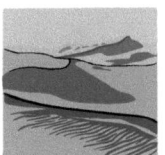

shkretëtirë
désert

vullkan
volcan

kështjellë
château

ylber
arc-en-ciel

kepudhë
champignon

palmë
palmier

mushkonjë
moustique

mizë
mouche

milingonë
fourmis

bletë
abeille

merimangë
araignée

brumbull

coléoptère

bretkosë

grenouille

ketër

écureuil

iriq

hérisson

lepur

lièvre

buf

chouette

zog

oiseau

mjellmë

cygne

derr i egër

sanglier

dre

cerf

dre brilopatë

élan

digë

barrage

turbinë ere

éolienne

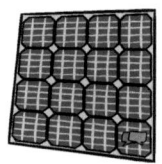

panel diellor

panneau solaire

klimë

climat

restorant
restaurant

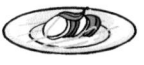

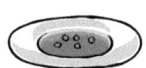

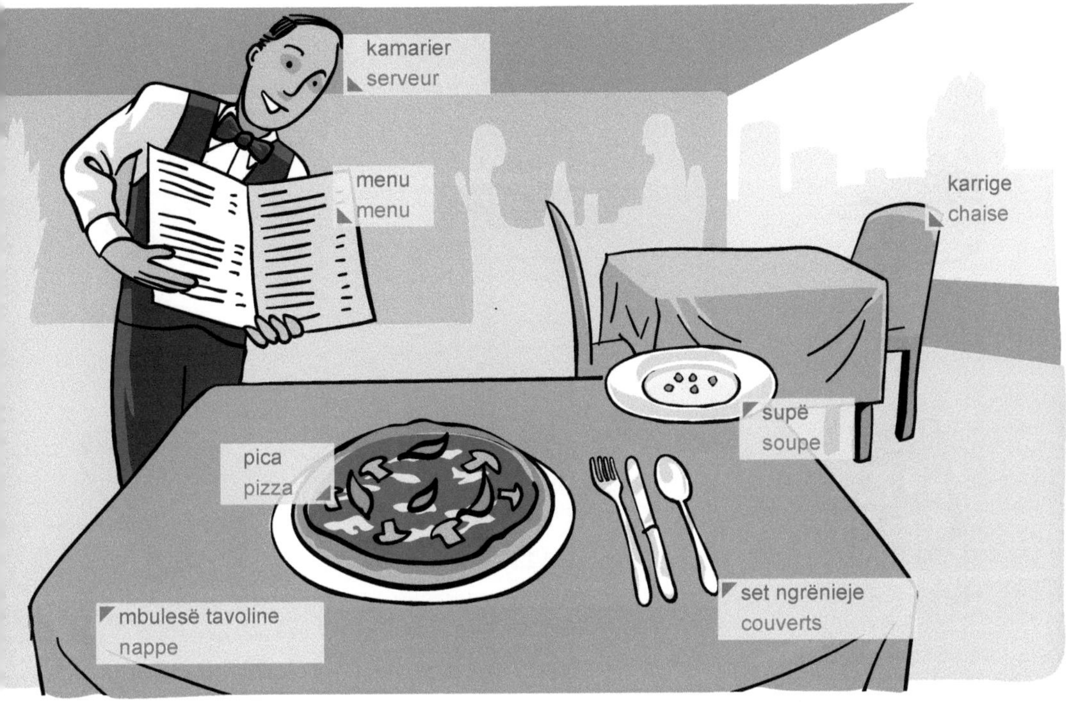
kamarier
serveur
menu
menu
karrige
chaise
supë
soupe
pica
pizza
set ngrënieje
couverts
mbulesë tavoline
nappe

pjatë e parë

hors d'œuvre

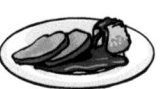

pjatë kryesore

plat principal

ëmbëlsirë

dessert

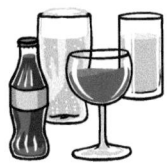

pije

boissons

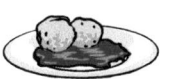

ushqim

alimentation

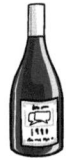

shishe

bouteille

ushqim i shpejtë

fast-food

ushqim i shërbyer në rrugë

plats à emporter

ibrik çaji

théière

kuti sheqeri

sucrier

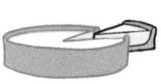

racion

portion

makinë kafeje ekspres

machine à expresso

karrige e lartë

chaise haute

faturë

facture

tabaka

plateau

thika

couteau

pirun

fourchette

lugë

cuillère

lugë çaji

cuillère à thé

pecetë

serviette

gotë

verre

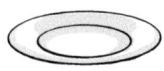

pjatë

assiette

pjatë supe

assiette à soupe

pjatë filxhani

soucoupe

salcë

sauce

mbajtëse kripe

salière

mulli piperi

moulin à poivre

uthull

vinaigre

vaj

huile

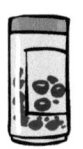

erëza

épices

keçap

ketchup

mustardë

moutarde

majonezë

mayonnaise

supermarket
supermarché

ofertë speciale
offre promotionnelle
klient
client
produkte bulmeti
produits laitiers
FOR
frut
fruits
karrocë pazari
chariot

BUTCHERS

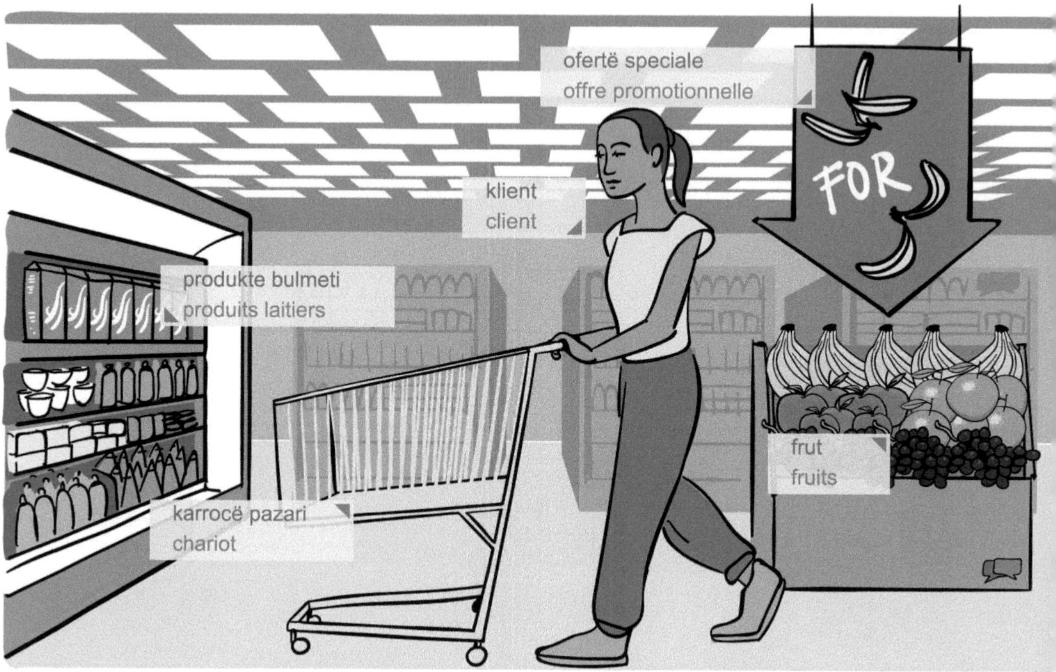

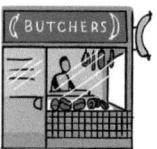

dyqan mishi

boucherie

BAKERY

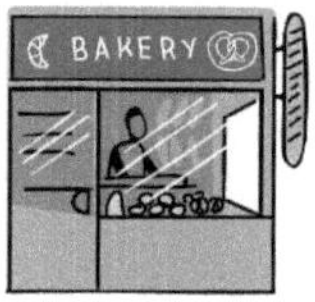

furrë buke

boulangerie

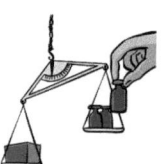

peshoj

peser

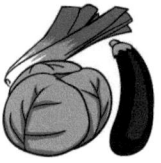

perime

légumes

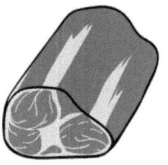

mish

viande

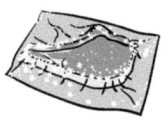

ushqim i ngrirë

aliments surgelés

copë

charcuterie

ushqim i konservuar

conserves

pluhur larës

poudre à lessive

ëmbëlsirat

bonbons

prodhime shtëpie

articles ménagers

produkte pastrimi

détergents

shitëse

vendeuse

kasë fiskale

caisse

arkëtar

caissier

listë blerjeje

liste d'achats

oraret e punës

heures d'ouverture

portofol

portefeuille

kartë krediti

carte de crédit

çantë

sac

qese plastike

sac en plastique

ujë

eau

lëng frutash

jus de fruit

qumësht

lait

koka-kola

coca

verë

vin

birrë

bière

alkool

alcool

kakao

chocolat chaud

çaj

thé

kafe

café

kafe ekspres

expresso

kapuçino

cappuccino

banane

banane

mollë

pomme

portokalle

orange

pjepër

melon

limon

citron

karrotë

carotte

hudhër

ail

bambu

bambou

qepë

oignon

kërpudha

champignon

arra

noisettes

makarona

pâtes

spageti
spaghetti

oriz
riz

sallatë
salade

patate të skuqura
pommes frites

patate të skuqura
pommes de terre rôties

pica
pizza

hamburger
hamburger

sanduiç
sandwich

shnicel
escalope

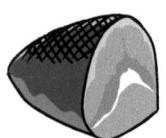

proshutë
jambon

sallam
salami

salçiçe
saucisse

pulë
poulet

skuq
rôti

peshk
poisson

tërshërë

flocons d'avoine

drithëra

muesli

kornfleiks

cornflakes

miell

farine

kruasant

croissant

panine

petits-pains

bukë

pain

tost

pain grillé

biskotë

biscuits

gjalp

beurre

gjizë

le fromage blanc

tortë

gâteau

vezë

œuf

vezë sy

œuf au plat

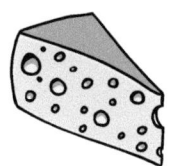

djathë

fromage

akullore

glace

sheqer

sucre

mjaltë

miel

marmaladë

confiture

çokokrem

crème nougat

këri

curry

fermë
ferme

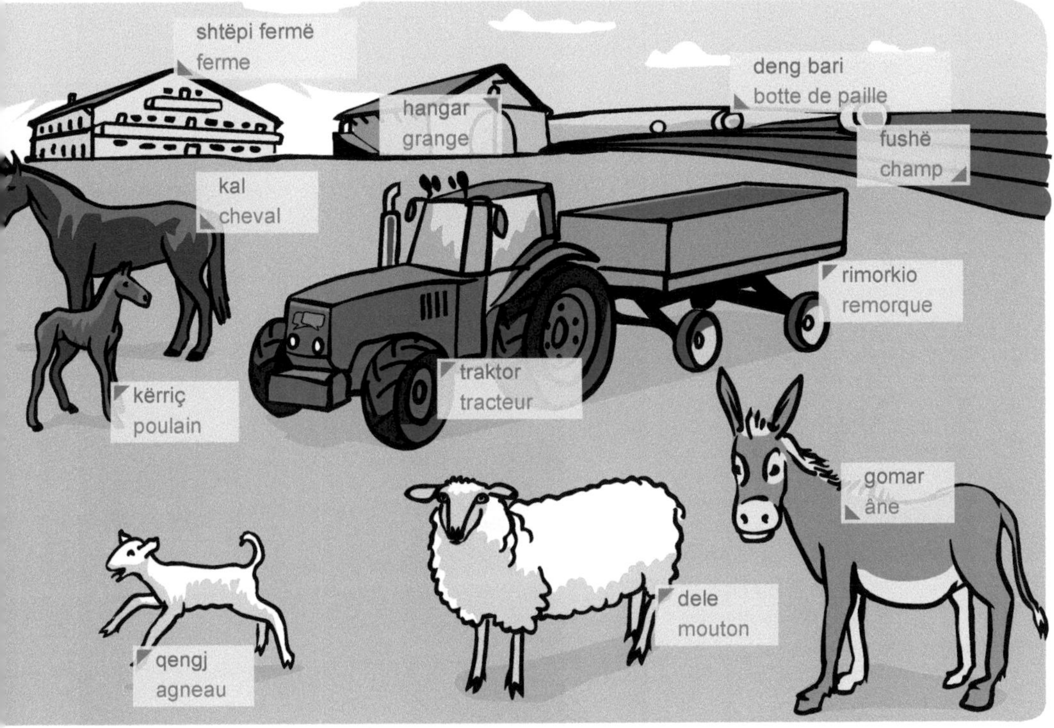
shtëpi fermë
ferme
hangar
grange
deng bari
botte de paille
fushë
champ
kal
cheval
rimorkio
remorque
traktor
tracteur
kërriç
poulain
gomar
âne
dele
mouton
qengj
agneau

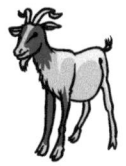

dhi

chèvre

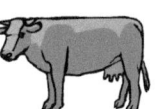

lopë

vache

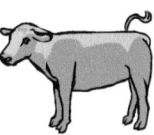

viç

veau

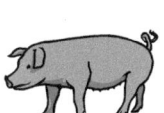

derr

porc

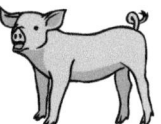

derrkuc

porcelet

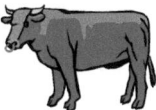

dem

taureau

patë
oie

rosë
canard

zog pule
poussin

pulë
poule

gjel
coq

mi
rat

mace
chat

mi
souris

buall
bœuf

qen
chien

kolibe qeni
chenil

zorrë vaditëse
tuyau de jardin

vaditëse
arrosoir

kosë
faucheuse

plug
charrue

drapër
....
faucille

shat
....
pioche

kosa
....
fourche

sëpatë
....
hache

karrocë
....
brouette

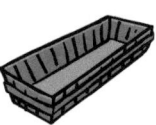

govatë
....
cuve

bidon qumështi
....
pot à lait

thes
....
sac

gardh
....
clôture

ahur
....
étable

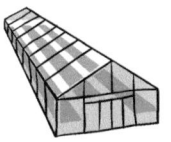

serë
....
serre

dhe
....
sol

farë
....
semences

pleh
....
engrais

autokombanjë
....
moissonneuse-batteuse

fermë - ferme

korr
récolter

te korrat
récolte

patate e ëmbël "Yam"
igname

grurë
blé

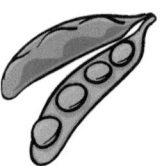

soja
soja

patate
pomme de terre

misër
maïs

raps
colza

pemë frutore
arbre fruitier

zhardhok manioku
manioc

drithëra
céréales

shtëpi
maison

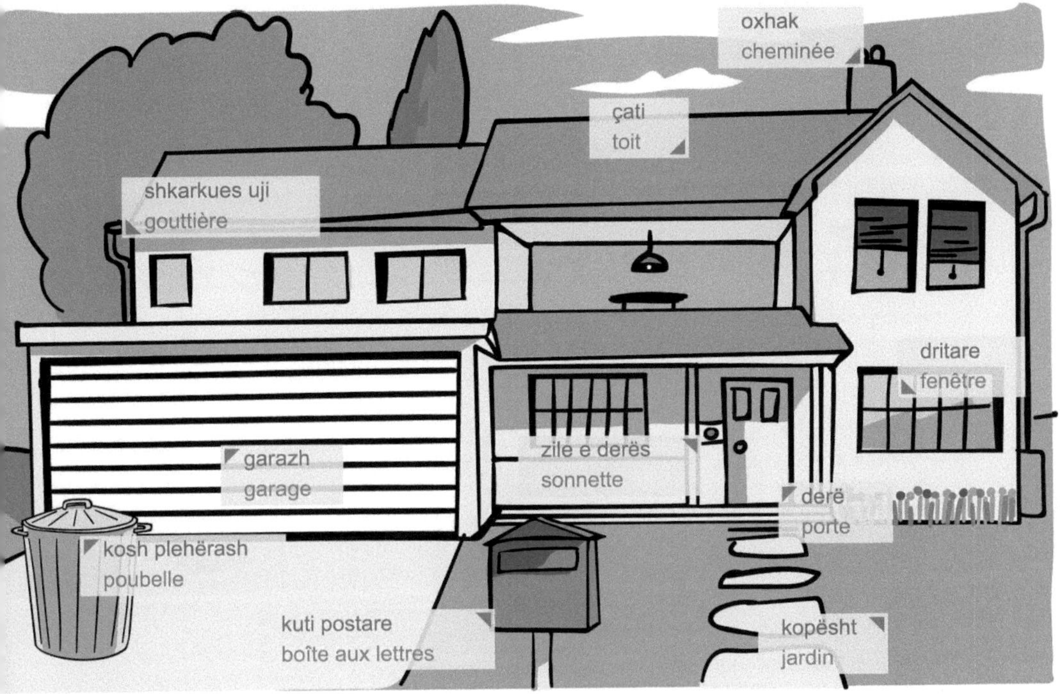

oxhak
cheminée
çati
toit
shkarkues uji
gouttière
dritare
fenêtre
zile e derës
sonnette
garazh
garage
derë
porte
kosh plehërash
poubelle
kuti postare
boîte aux lettres
kopësht
jardin

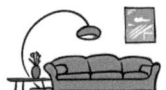

dhomë ndenjeje

salon

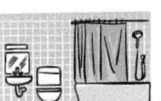

tualet

salle de bain

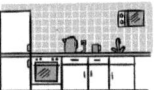

kuzhinë

cuisine

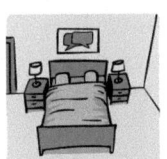

dhomë gjumi

chambre à coucher

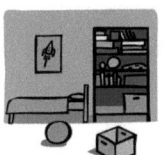

dhomë fëmijësh

chambre d'enfant

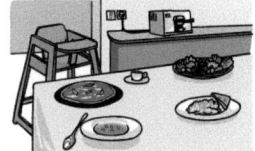

dhomë ngrënieje

salle à manger

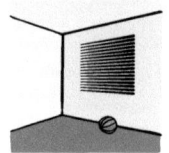

dysheme
sol

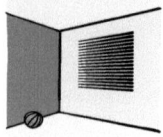

mur
mur

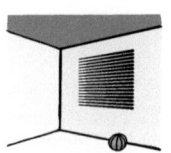

tavan
plafond

bodrum
cave

sauna
sauna

ballkon
balcon

tarracë
terrasse

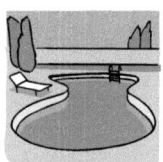

pishinë
piscine

kositëse bari
tondeuse à gazon

çarçaf
housse

kuvertë
couette

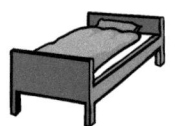

krevat
lit

fshesë dore
balai

kovë
sceau

çelës
interrupteur

dhomë ndenjeje

salon

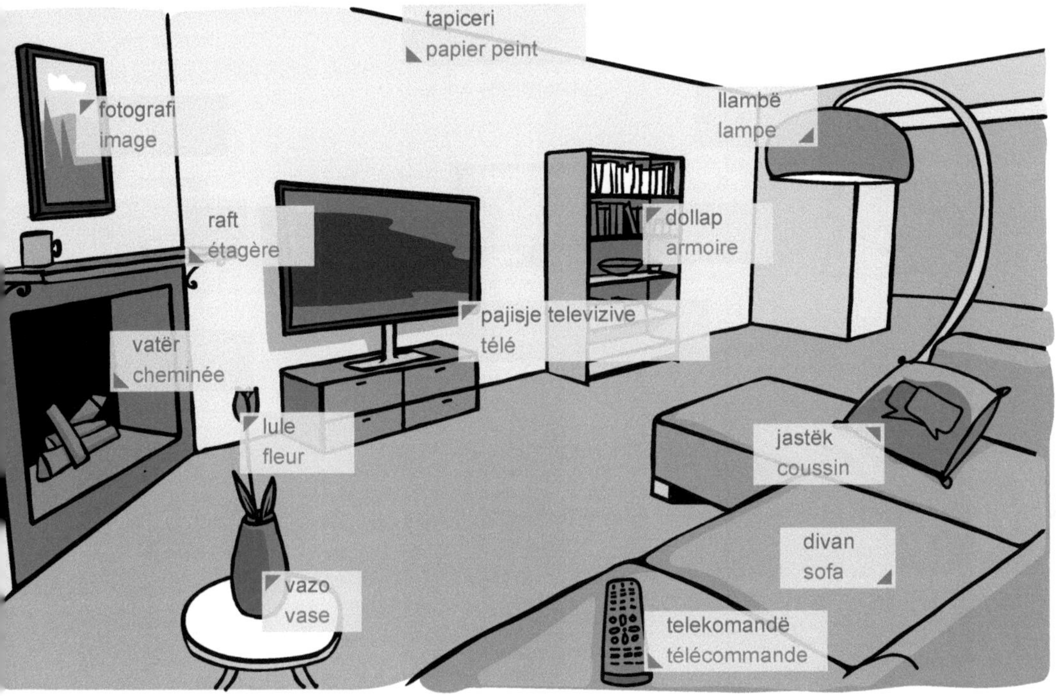
tapiceri
papier peint
fotografi
image
llambë
lampe
raft
étagère
dollap
armoire
pajisje televizive
télé
vatër
cheminée
lule
fleur
jastëk
coussin
divan
sofa
vazo
vase
telekomandë
télécommande

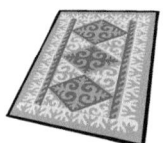

qilim
tapis

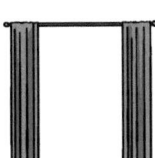

perde
rideau

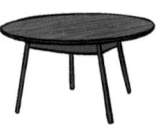

tavolinë
table

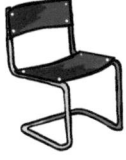

karrige
chaise

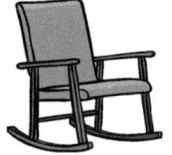

karrige lëkundëse
chaise à bascule

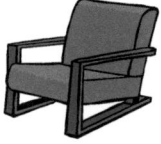

kolltuk
fauteuil

libri

livre

batanije

couverture

zbukurime

décoration

dru zjarri

bois de chauffage

film

film

stereo

chaîne hi-fi

çelës

clé

gazetë

journal

pikturë

peinture

afishe

poster

radio

radio

bllok shënimesh

bloc-notes

fshesë me korent

aspirateur

kaktus

cactus

qiri

bougie

kuzhinë
cuisine

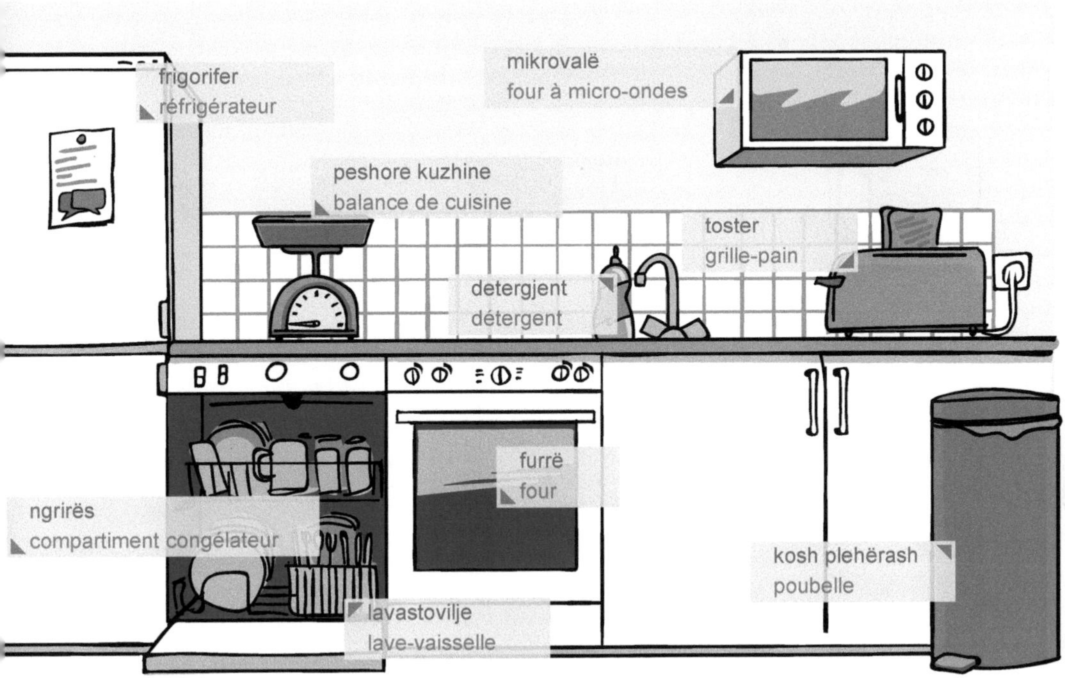

mikrovalë
four à micro-ondes
frigorifer
réfrigérateur
peshore kuzhine
balance de cuisine
toster
grille-pain
detergjent
détergent
furrë
four
ngrirës
compartiment congélateur
kosh plehërash
poubelle
lavastovilje
lave-vaisselle

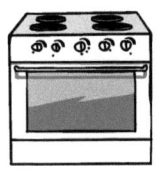

sobë

four

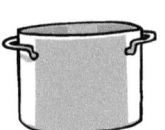

tenxhere

casserole

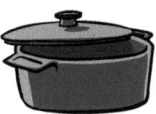

tenxhere me kapak

marmite

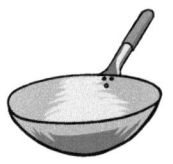

tigan special (Wok)

wok / kadai

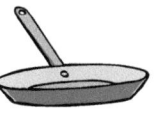

tigan

poêle

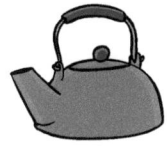

çajnik

bouilloire electrique

tenxhere me avull

cuiseur vapeur

tavë pjekjeje

plaque de cuisson

enë

vaisselle

filxhan

gobelet

tas

coupe

shkopinj

baguettes

garuzhde

louche

spatul

spatule

tel kuzhine

fouet

kulluese

passoire

sitë

tamis

rende

râpe

havan

mortier

skarë

barbecue

zjarr

cheminée

dërrasë për prerje

planche à découper

okllai

rouleau à pâtisserie

heqëse tapash

tire-bouchon

kanaçe

boîte

hapëse kanaçeje

ouvre-boîte

rrobë për të kapur tenxheren

maniques

lavaman

lavabo

furçë

brosse

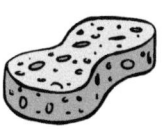

sfungjer

éponge

përzjerës

mixeur

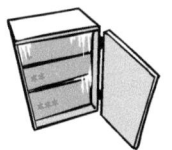

ngrirës

congélateur

biberon për lëngje

biberon

rubinet

robinet

kuzhinë - cuisine

tualet
salle de bain

ngrohje
chauffage
dush
douche
peshqirë
serviette
perde dushi
rideau de douche
vaskë me shkumë
bain moussant
vaskë
baignoire
gotë
verre
lavatriçe
machine à laver
rubinet
robinet
pllaka
carrelage
oturak
pot
lavaman
lavabo

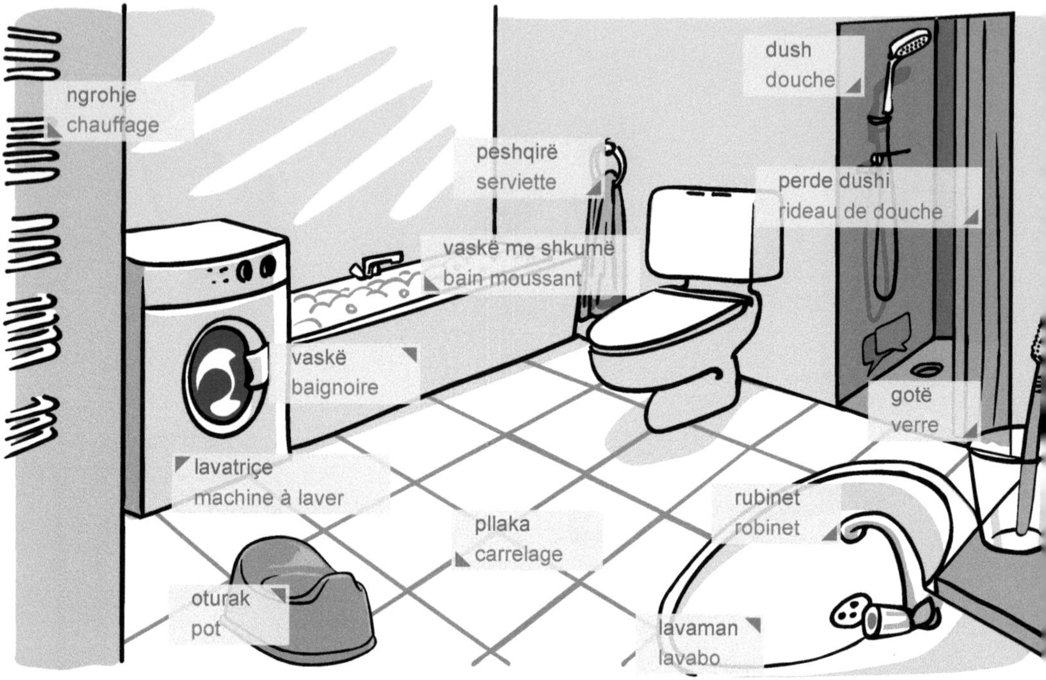

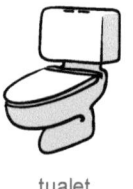

tualet
toilettes

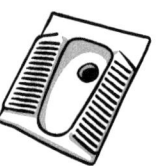

WC e sheshtë
toilette à la turque

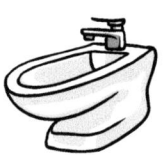

bide
bidet

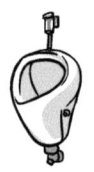

tualet publik
urinoir

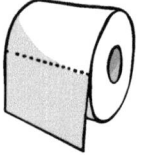

letër higjienike
papier toilette

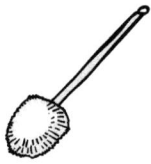

furçe për WC
brosse à toilette

furçë dhëmbësh

brosse à dents

pastë dhëmbësh

dentifrice

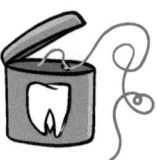

fije dentare

fil dentaire

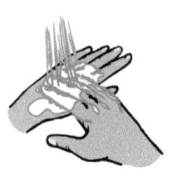

laj

laver

dorezë dushi

douche manuelle

larës për zonën intime

douche intime

legen

vasque

furçë për masazh shpine

brosse dorsale

sapun

savon

shampo trupi

gel douche

shampo

shampooing

leckë pastruese

gant de toilette

kullues

écoulement

krem

crème

antidjersë

déodorant

pasqyrë

miroir

pasqyrë dore

miroir cosmétique

brisk rroje

rasoir

shkumë rroje

mousse à raser

locion pas rrojes

après-rasage

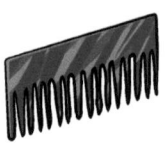

krehër

peigne

furçë

brosse

tharëse flokësh

sèche-cheveux

llak për flokët

laque pour cheveux

grim

fond de teint

buzëkuq

rouge à lèvres

manikyr

vernis à ongles

mbushje pambuku

ouate

gërshërë për thonj

coupe-ongles

parfum

parfum

çantë për sendet personale

trousse de toilette

Stol

tabouret

peshore

pèse-personne

robëdëshambër

peignoir

dorashka gome

gants de nettoyage

tampon

tampon

peceta higjienike

serviettes hygiéniques

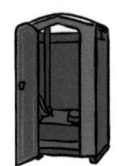

tualet I lëvizshëm

toilette chimique

dhomë fëmijësh
chambre d'enfant

orë me zile
réveil
lodra me pellushë
doudou
makinë lodër
voiture jouet
rraketake
hochet
shtëpi kukullash
maison de poupée
dhuratë
cadeau

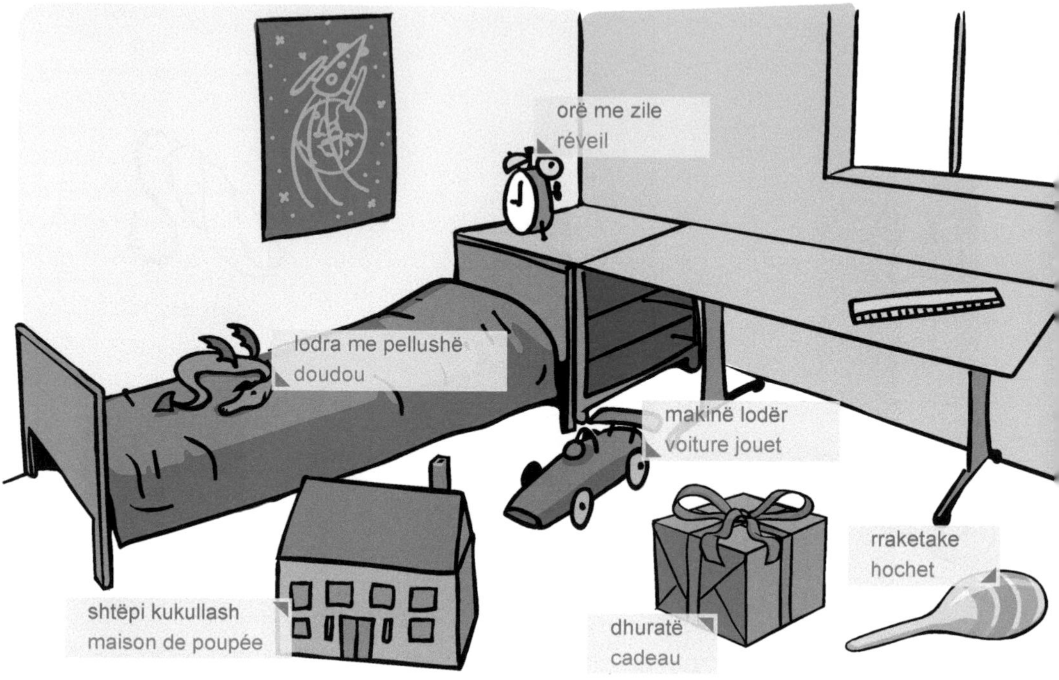

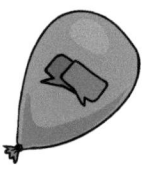

tollumbace

ballon

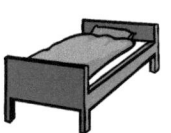

krevat

lit

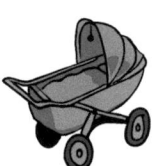

karrocë fëmijësh

poussette

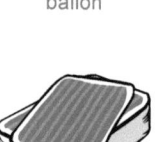

lojë me letra

jeu de cartes

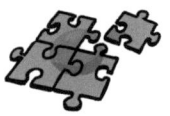

bashkim pjesësh me figura

puzzle

SUPER
MEGA

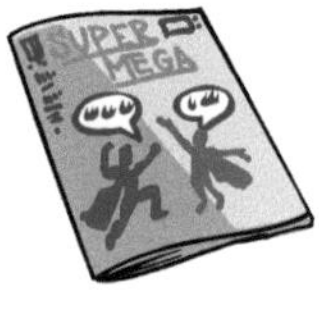

komik

bande dessinée

formuese lodër

pièces lego

kuba plastikë

blocs de construction

lodra

figurine

badi

grenouillère

frizbi

frisbee

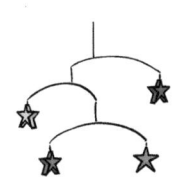

lodra të varura tek krevati i fëmijëve

mobile

tavolinë lojërash

jeu de société

zare

dé

model treni

train miniature

biberon

sucette

festë

fête

libër me ilustrime

livre d'images

top

balle

kukull

poupée

luaj

jouer

grumbull rëre

bac à sable

kolovarëse

balançoire

lodra

jouets

leva për lojra video

console de jeu

triçikël

tricycle

arush prej pellushi

ours en peluche

garderobë

armoire

veshje

vêtements

çorape

chaussettes

çorape të gjata

bas

geta

collant

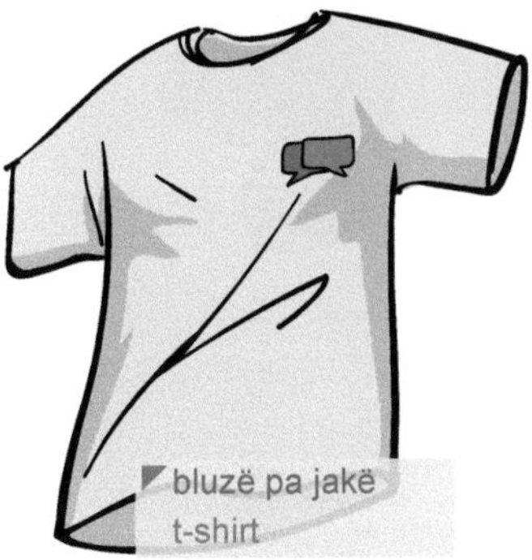

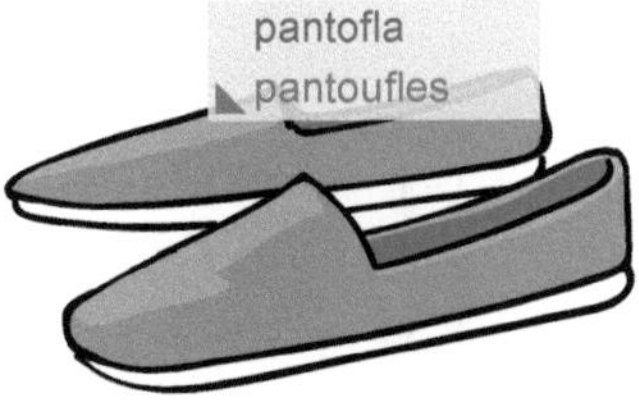

shall
écharpe

çadër
parapluie

rrip
ceinture

bluzë pa jakë
t-shirt

atlete
baskets

çizme
bottes

pantofla
pantoufles

sandale
sandales

këpucë
chaussures

çizme llastiku
bottes de caoutchouc

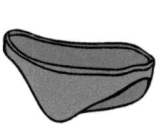

të mbathura
sous-vêtements

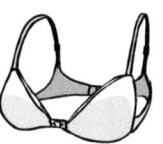

reçipeta
soutien-gorge

kanotierë
maillot de corps

trup
body

pantallona
pantalon

xhinse
jean

fund
jupe

bluzë
chemisier

këmishë
chemise

pulovër
pull

triko
sweat à capuche

xhaketë
veste

xhaketë
veste

pallto
manteau

mushama shiu
imperméable

kostum
costume

fustan
robe

fustan nusërie
robe de mariée

kostum

costume

këmishë nate

chemise de nuit

pizhama

pyjama

sari (veshje tradicionale indiane)

sari

shami koke

foulard

çallmë

turban

veshje për femrat e besimit musliman

burqa

kaftan (lloj veshjeje tradicionale)

caftan

ferexhe

abaya

kostum banje

maillot de bain

rroba banje

maillot de bain

pantallona të shkurtra

short

tuta sporti

tenue d'entraînement

përparëse

tablier

dorashka

gants

kopsë
bouton

syze
lunettes

byzylyk
bracelet

gjerdan
collier

unazë
bague

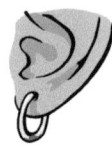

vath
boucle d'oreille

kapuç
bonnet

varëse për pallto
cintre

kapele
chapeau

kravatë
cravate

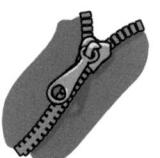

zinxhir
fermeture éclair

helmetë
casque

tiranda
bretelles

uniformë shkolle
uniforme scolaire

uniformë
uniforme

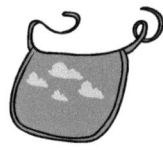

gushore

bavoir

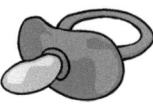

biberon

sucette

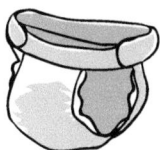

pelenë

lange

zyrë
bureau

server
serveur
skedar
armoire d'archivage
printer
imprimante
letër
papier
ekran
écran
maus
souris
tavolinë
bureau
dosje
classeur
tastierë
clavier
kosh letrash
corbeille à papier
kompjuter
ordinateur
karrige
chaise

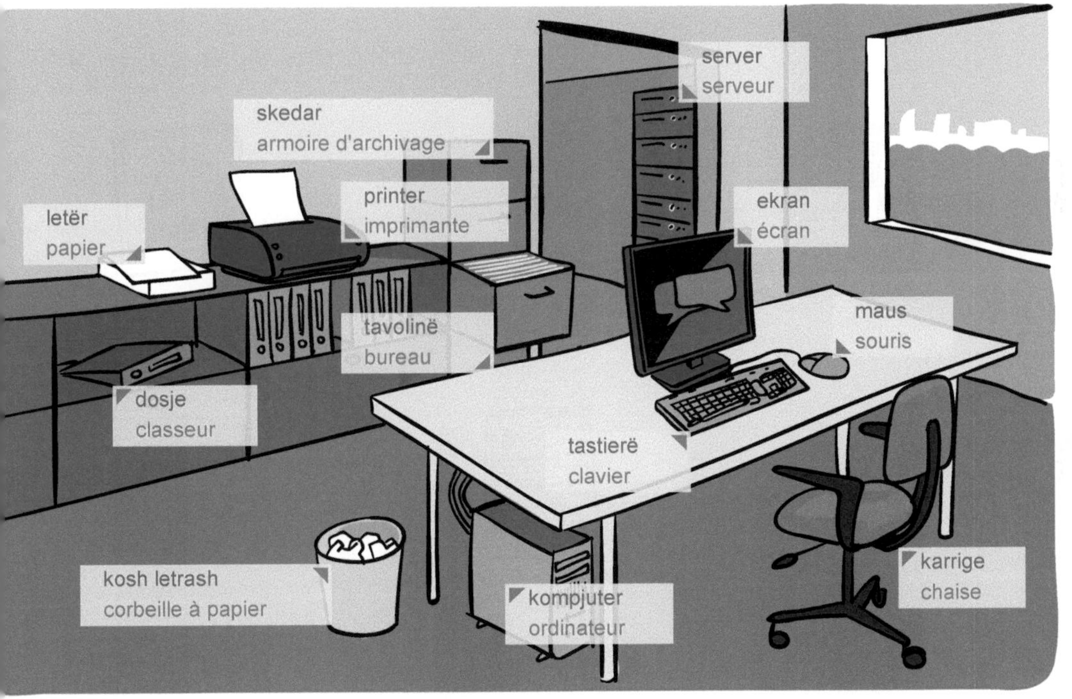

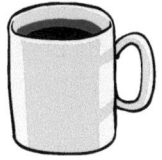

filxhan kafeje

tasse de café

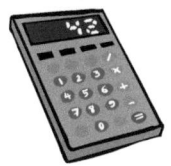

makinë llogaritëse

calculatrice

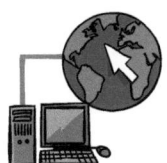

internet

internet

kompjuter portativ

ordinateur portable

letër

lettre

mesazh

message

telefon

portable

rrjet

réseau

fotokopje

photocopieuse

program

logiciel

telefon

téléphone

prizë

prise

pajisje faksi

fax

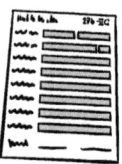

formular

formulaire

dokument

document

blej

acheter

paguaj

payer

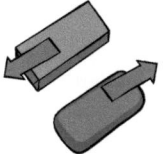

tregtoj

faire du commerce

para

monnaie

dollar

dollar

euro

euro

jen

yen

rubla

rouble

franga zvicerane

franc suisse

juani kinez

renminbi yuan

rupje

roupie

bankomat

distributeur automatique

pikë këmbimi valutor

bureau de change

ar

or

argjend

argent

nafta

pétrole

energji

énergie

çmim

prix

kontratë

contrat

taksë

taxe

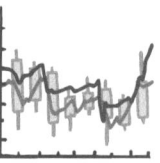

aksione

action

punoj

travailler

punonjës

employé

punëdhënës

employeur

fabrikë

usine

dyqan

magasin

profesionet
professions

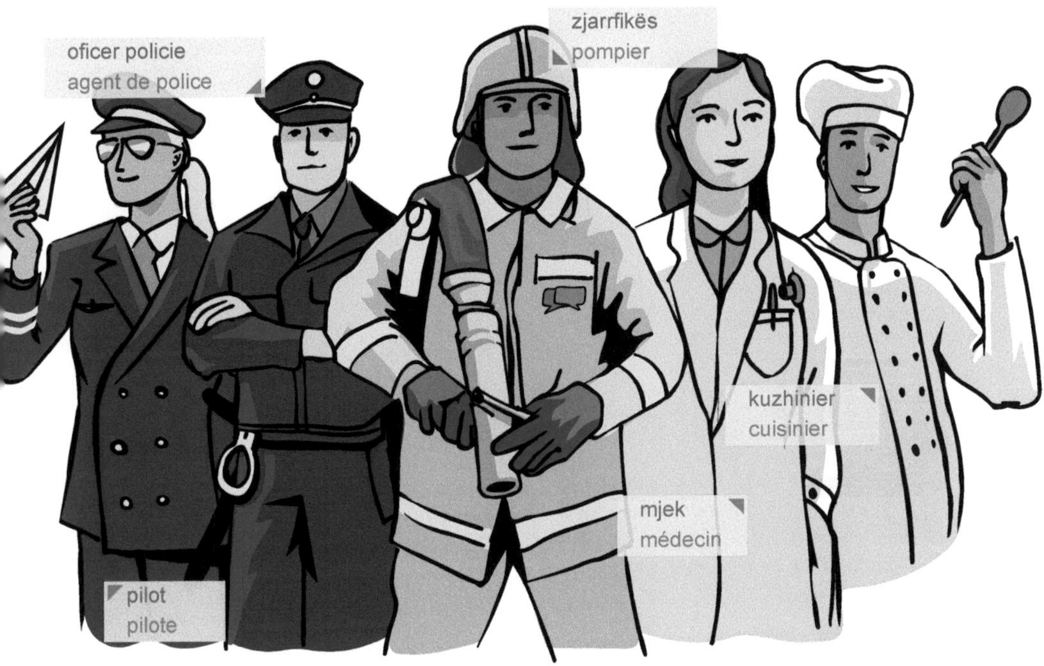

oficer policie
agent de police
zjarrfikës
pompier
kuzhinier
cuisinier
mjek
médecin
pilot
pilote

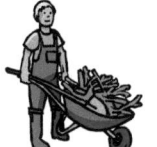

kopshtar

jardinier

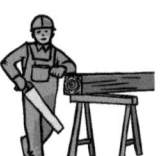

marangoz

menuisier

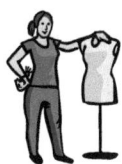

rrobaqepëse

couturière

gjykatës

juge

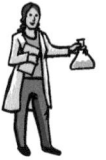

kimist

chimiste

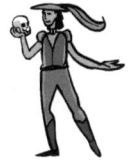

aktor

acteur

shofer autobuzi

conducteur de bus

taksist

chauffeur de taxi

peshkatar

pêcheur

pastruese

femme de ménage

riparues çatish

couvreur

kamarier

serveur

gjuetar

chasseur

piktor

peintre

furrxhi

boulanger

elektriçist

électricien

ndërtues

ouvrier

inxhinier

ingénieur

kasap

boucher

hidraulik

plombier

postieri

facteur

ushtar

soldat

arkitekt

architecte

arkëtar

caissier

luleshitës

fleuriste

berber

coiffeur

kontrollor

contrôleur

mekanik

mécanicien

kapiten

capitaine

dentist

dentiste

shkencëtar

scientifique

rabin

rabbin

imam

imam

murg

moine

klerik

prêtre

mjete
outils

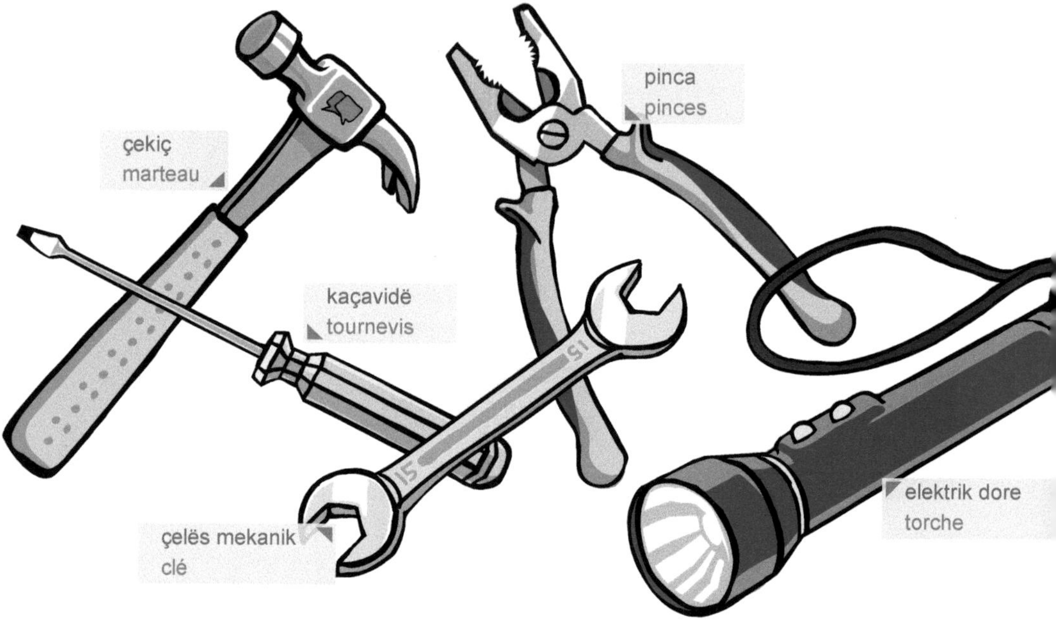
çekiç
marteau
pinca
pinces
kaçavidë
tournevis
elektrik dore
torche
çelës mekanik
clé

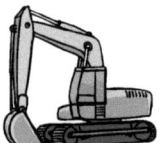

ekskavator

pelleteuse

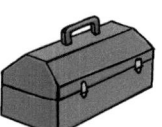

kuti veglash

boîte à outils

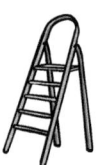

shkallë

échelle

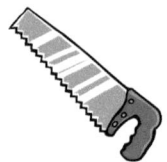

sharrë

scie

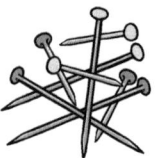

gozhdë

clous

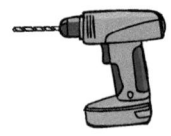

trapan

perceuse

riparoj
réparer

lopatë
pelle

Dreq!
Mince !

kaci
pelle

kuti boje
pot de peinture

vidhë
vis

instrumenta muzikorë
instruments de musique

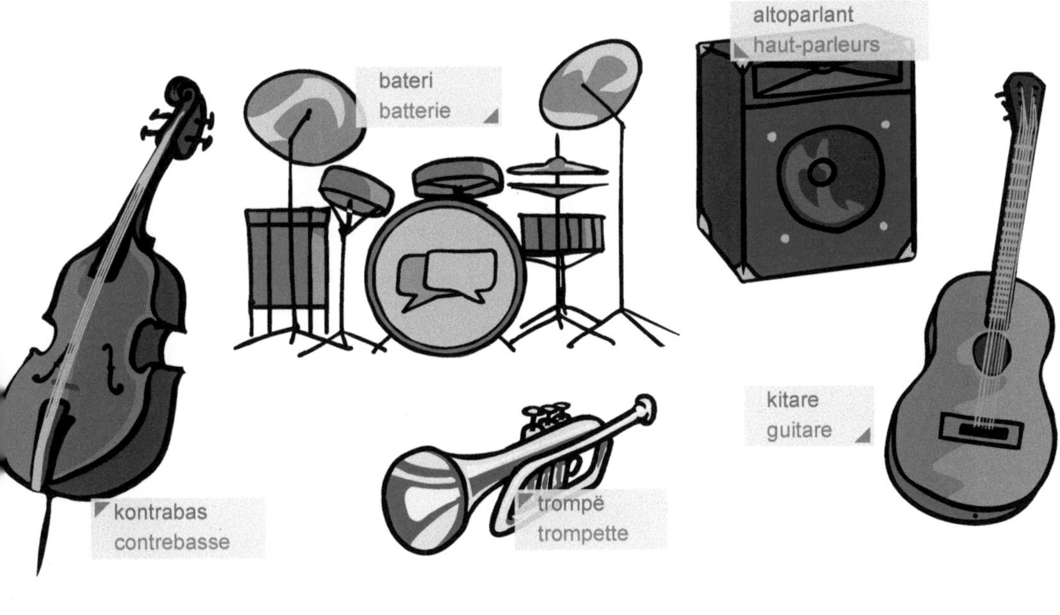

bateri
batterie

altoparlant
haut-parleurs

kitare
guitare

kontrabas
contrebasse

trompë
trompette

piano
piano

violinë
violon

bas
basse

tamburë
timbales

daulle
tambour

tastierë pianoje
piano électrique

saksofon
saxophone

flaut
flûte

mikrofon
microphone

kopsht zoologjik
zoo

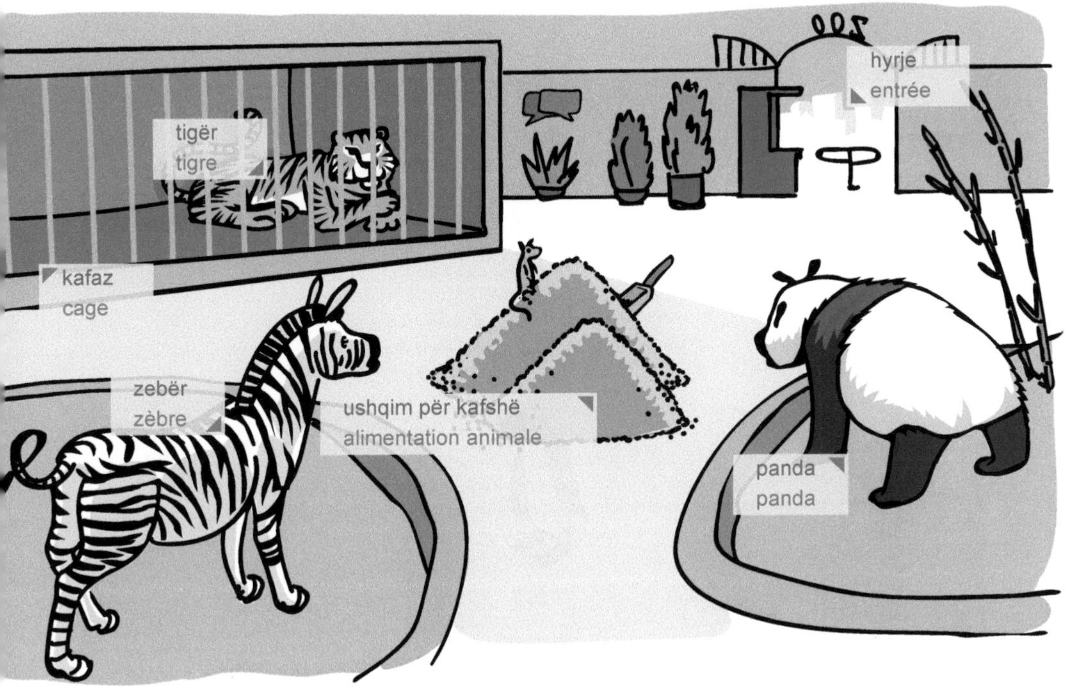
hyrje
entrée
tigër
tigre
kafaz
cage
zebër
zèbre
ushqim për kafshë
alimentation animale
panda
panda

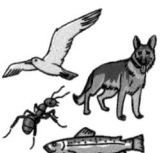

kafshë

animaux

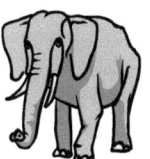

elefant

éléphant

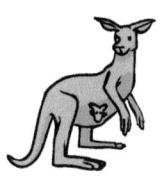

kangur

kangourou

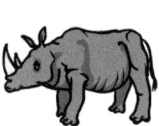

rinoceront

rhinocéros

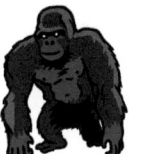

gorillë

gorille

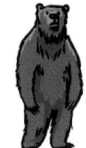

ari

ours

deve

chameau

struc

autruche

luan

lion

majmun

singe

flamingo

flamand rose

papagall

perroquet

ari polar

ours polaire

pinguin

pingouin

peshkaqen

requin

pallua

paon

gjarpër

serpent

krokodil

crocodile

punonjës i kopshtit zoologjik

gardien de zoo

fokë

phoque

xhaguar

jaguar

poni
poney

leopard
léopard

hipopotam
hippopotame

gjirafë
girafe

shqiponjë
aigle

derr i egër
sanglier

peshk
poisson

breshkë
tortue

lopë deti
morse

dhelpër
renard

gazelë
gazelle

futboll amerikan
american Football

çiklizëm
cyclisme

tenis
tennis

basketboll
basket-ball

not
natation

boks
boxe

hokej mbi akull
hockey sur glace

futboll
football

badminton
badminton

atletikë
athlétisme

hendboll
handball

ski
ski

polo
polo

aktivitet

activités

hidhem
sauter
përqafoj
embrasser
qesh
rire
eci
marcher
këndoj
chanter
ëndërroj
rêver
lutem
prier
puth
faire la bise

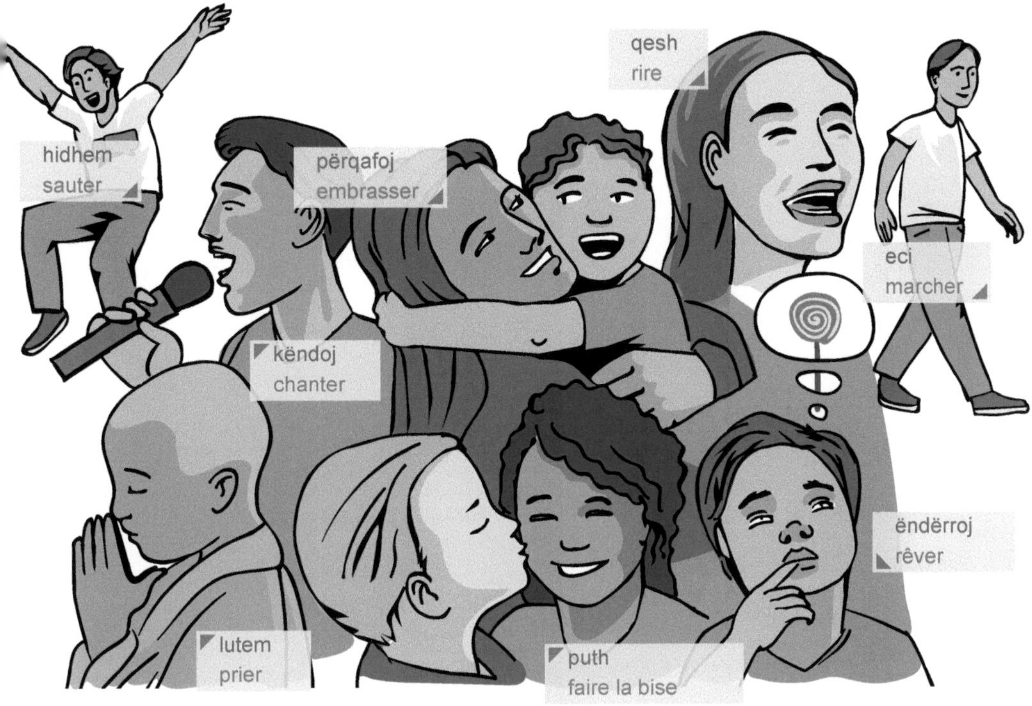

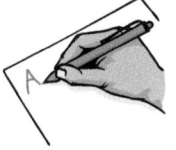

shkruaj

écrire

vizatoj

dessiner

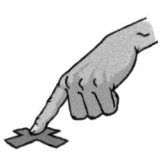

tregoj

montrer

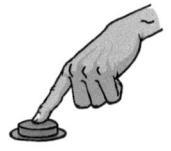

shtyj

pousser

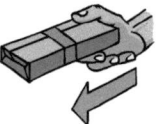

jap

donner

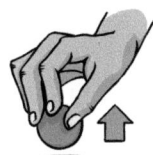

marr

prendre

kam
avoir

bëj
faire

jam
être

qëndroj
être debout

vrapoj
courir

tërheq
trier

hedh
jeter

bie
tomber

shtrihem
être couché

pres
attendre

mbaj
porter

ulem
être assis

vishem
s'habiller

fle
dormir

zgjohem
se réveiller

shikoj

regarder

qaj

pleurer

përkëdhel

caresser

kreh

peigner

bisedoj

parler

kuptoj

comprendre

kërkoj

demander

dëgjoj

écouter

pi

boire

ha

manger

sistemoj

ranger

dashuroj

aimer

gatuaj

cuire

drejtoj makinën

conduire

fluturoj

voler

lundroj

faire de la voile

llogaris

calculer

lexoj

lire

mësoj

apprendre

punoj

travailler

martohem

se marier

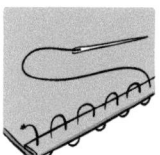

qep

coudre

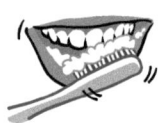

laj dhëmbët

brosser les dents

vras

tuer

tymos

fumer

dërgoj

envoyer

gjyshe
grand-mère

gjysh
grand-père

baba
père

nënë
mère

bebe
bébé

vajzë
fille

djalë
fils

mysafir

hôte

teze, hallë

tante

dajë, xhaxha

oncle

vëlla

frère

motër

sœur

trupi
corps

balli
front
syri
œil
fytyra
visage
mjekra
menton
krahërori
poitrine
gishti
doigt
dora
main
krahu
bras
shpatulla
épaule
këmba
jambe

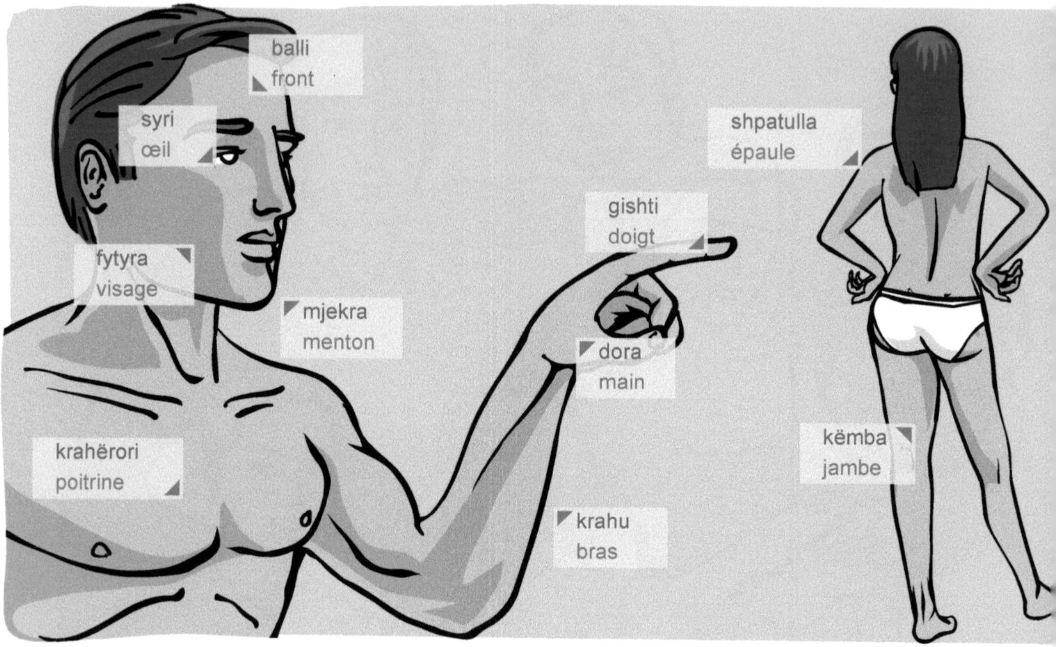

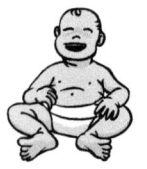

bebe

bébé

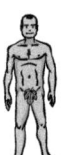

burrë

homme

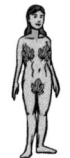

grua

femme

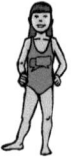

vajzë

fille

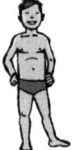

djalë

garçon

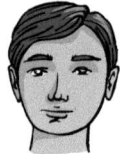

koka

tête

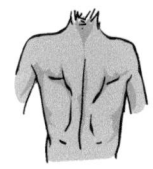

shpina

dos

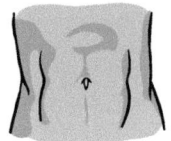

barku

ventre

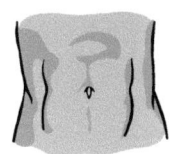

kërthiza

nombril

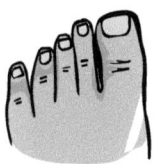

gisht këmbe

orteil

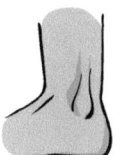

Thembra

talon

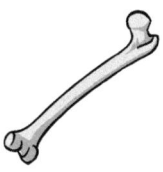

kockë

os

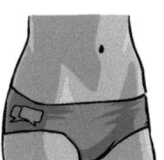

legeni

hanche

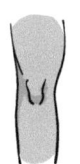

gjuri

genou

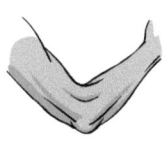

bërryli

coude

hunda

nez

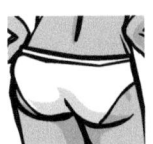

vithe

fesses

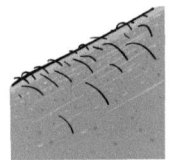

lëkura

peau

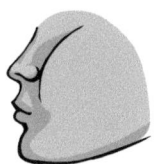

faqja

joue

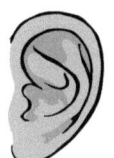

veshi

oreille

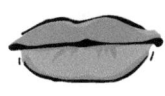

buza

lèvre

goja
bouche

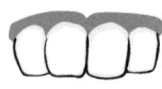

dhëmbët
dent

gjuha
langue

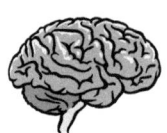

truri
cerveau

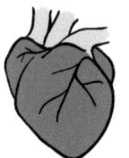

zemra
cœur

muskul
muscle

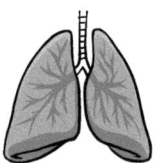

mushkëria
poumons

mëlçia
foie

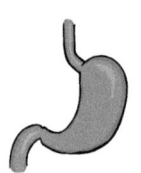

stomaku
estomac

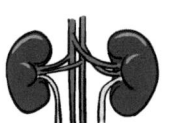

veshka
reins

seks
rapport sexuel

prezervativ
préservatif

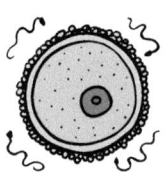

veza
ovule

sperma
sperme

shtatëzani
grossesse

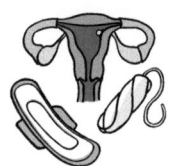

menstruacione
menstruation

vagina
vagin

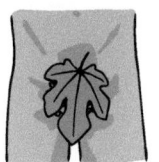

penis
pénis

vetulla
sourcil

flokët
cheveux

qafa
cou

spital
hôpital

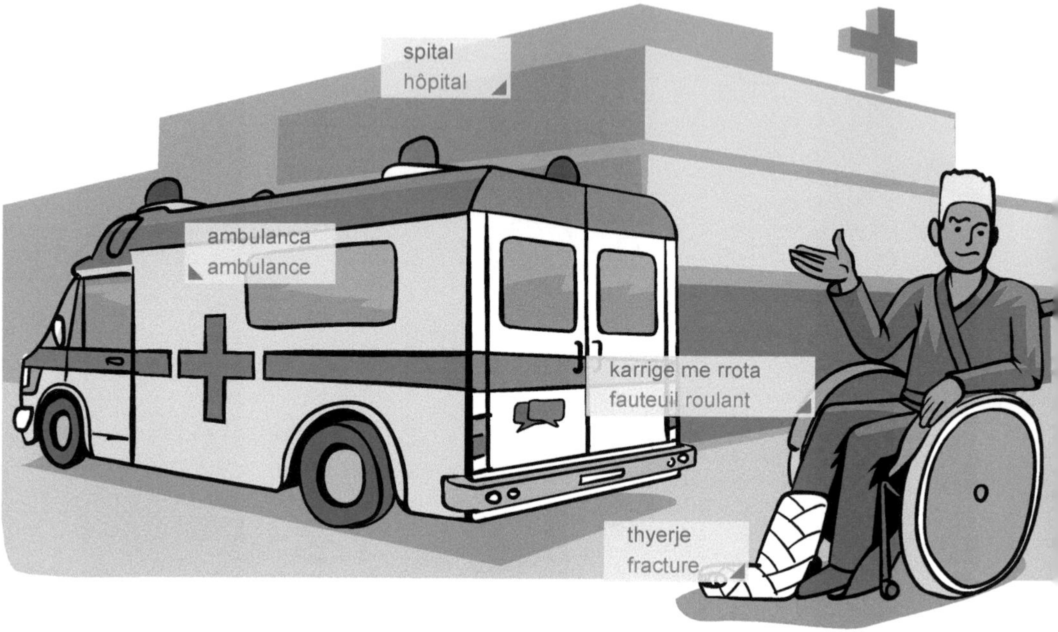

spital
hôpital
ambulanca
ambulance
karrige me rrota
fauteuil roulant
thyerje
fracture

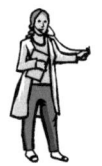

mjek

médecin

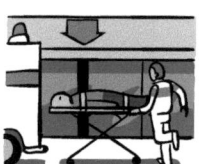

sallë urgjencash

service des urgences

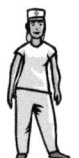

infermiere

infirmière

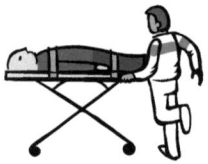

emergjencë

urgence

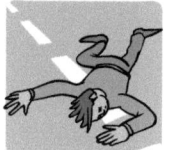

i pandërgjegjshëm

inconscient

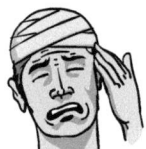

dhimbje

douleur

dëmtim

blessure

gjakosje

hémorragie

infarkt

crise cardiaque

goditje

attaque cérébrale

alergji

allergie

kolla

toux

ethe

fièvre

grip

grippe

diarre

diarrhée

dhimbje koke

mal de tête

kancer

cancer

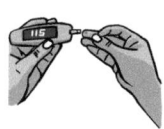

diabet

diabète

kirurg

chirurgien

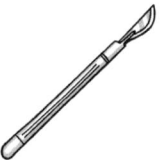

bisturi

scalpel

operacion

opération

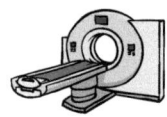

CT (skaner)

CT

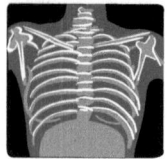

radiografi

radiographie

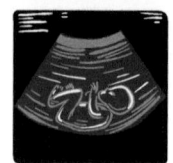

ultratingull

échographie

maskë fytyre

masque

sëmundje

maladie

dhomë pritjeje

salle d'attente

paterica

béquille

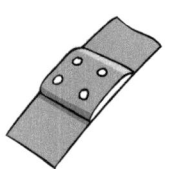

leukoplast

pansement

fasho

pansement

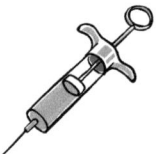

injeksion

injection

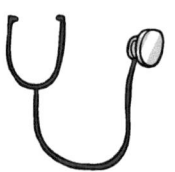

stetoskop

stéthoscope

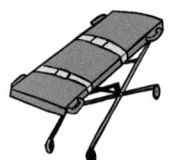

barelë

brancard

termometër

thermomètre

lindje

accouchement

mbipeshë

surcharge pondérale

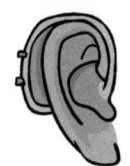

aparat dëgjimi

appareil auditif

dezinfektant

désinfectant

infeksion

infection

virus

virus

HIV / AIDS

VIH / sida

mjekësi, mjekim

médicament

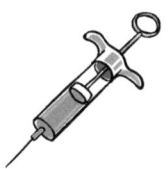

vaksinim

vaccination

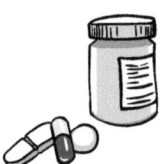

tableta

comprimés

pilulë

pilule

telefonatë emergjence

appel d'urgence

aparat tensioni

tensiomètre

i sëmurë / i shëndetshëm

malade / sain

Ndihmë!
Au secours !

alarm
alarme

sulm
assaut

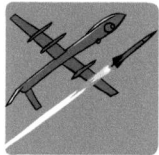

atak
attaque

rrezik
danger

dalje emergjence
sortie de secours

Zjarr!
Au feu!

fikëse zjarri
extincteur

aksident
accident

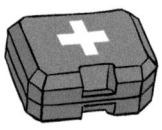

kuti e ndimës së shpejtë
trousse de premier secours

SOS
SOS

policia
police

Europa

Europe

Amerika e Veriut

Amérique du Nord

Amerika e Jugut

Amérique du Sud

Afrika

Afrique

Azia

Asie

Australia

Australie

Atlantiku

Océan atlantique

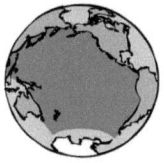

Paqësori

Océan pacifique

Oqeani Indian

Océan indien

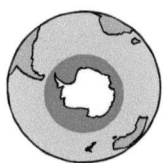

Oqeani Antarktik

Océan antarctique

Oqeani Arktik

Océan arctique

Poli i veriut

pôle nord

Poli i Jugut

pôle sud

Antarktida

Antarctique

toka

terre

tokë

pays

det

mer

ishull

île

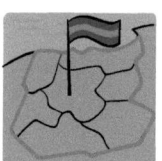

komb

nation

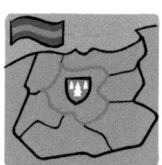

shtet

état

fusha e orës

cadran

akrepi i orës

aiguille des heures

akrepi i minutave

aiguille des minutes

akrepi i sekondave

aiguille des secondes

Sa është ora?

Quelle heure est-il ?

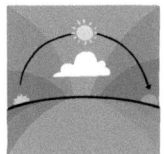

ditë

jour

kohë

temps

tani

maintenant

orë dixhitale

montre digitale

minutë

minute

orë

heure

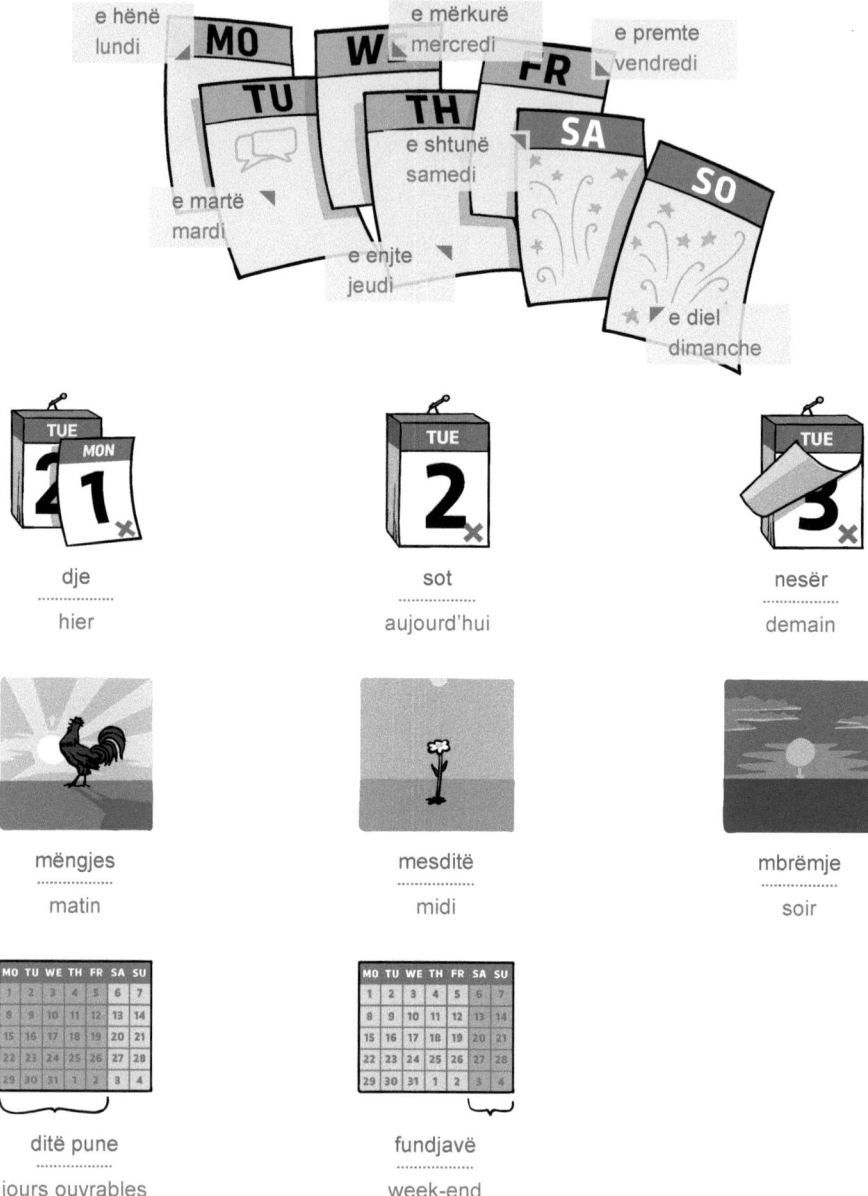

e hënë
lundi

MO

e mërkurë
mercredi

W

e premte
vendredi

FR

TU

TH

SA

e shtunë
samedi

SO

e martë
mardi

e enjte
jeudi

e diel
dimanche

dje
....
hier

sot
....
aujourd'hui

nesër
....
demain

mëngjes
....
matin

mesditë
....
midi

mbrëmje
....
soir

MO	TU	WE	TH	FR	SA	SU
1	2	3	4	5	6	7
8	9	10	11	12	13	14
15	16	17	18	19	20	21
22	23	24	25	26	27	28
29	30	31	1	2	3	4

ditë pune
....
jours ouvrables

MO	TU	WE	TH	FR	SA	SU
1	2	3	4	5	6	7
8	9	10	11	12	13	14
15	16	17	18	19	20	21
22	23	24	25	26	27	28
29	30	31	1	2	3	4

fundjavë
....
week-end

vit
année

ylber
arc-en-ciel
shi
pluie
borë
neige
erë
vent
pranverë
printemps
vjeshtë
automne
verë
été
dimër
hiver

4.APRIL 11°
5.APRIL 4°
6.APRIL 13°
7.APRIL 8°
8.APRIL 10°

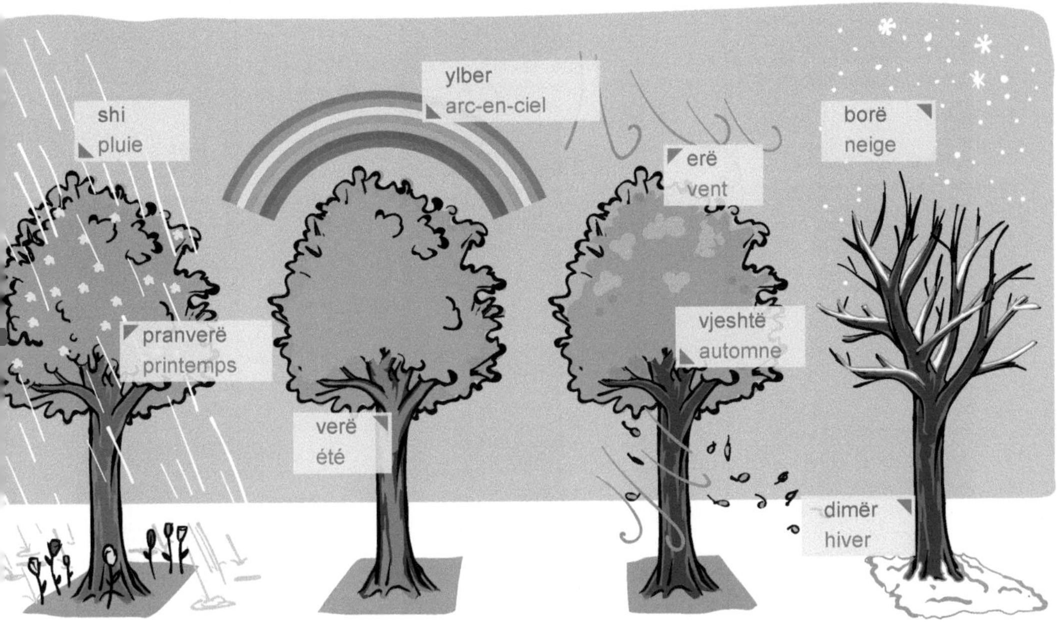

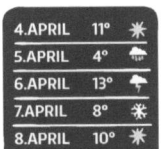

parashikimi i motit

météo

F C
120 40
90 30
60 20
30 10
0 0
-30 -10
-20

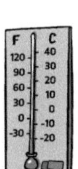

termometër

thermomètre

ndriçim dielli

lumière du soleil

re

nuage

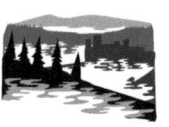

mjegull

brouillard

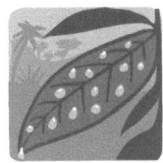

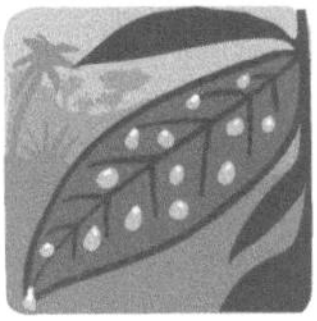

lagështi

humidité

vetëtima

foudre

gjëmim

tonnerre

stuhi

tempête

breshër

grêle

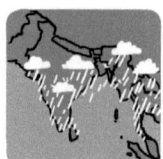

muson

mousson

përmbytje

inondation

akull

glace

janar

janvier

shkurt

février

mars

mars

prill

avril

maj

mai

qershor

juin

korrik

juillet

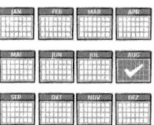

gusht

août

vit - année

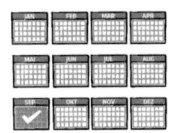

shtator
....
septembre

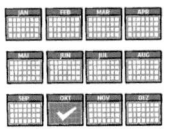

tetor
....
octobre

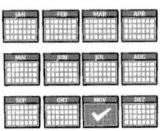

nëntor
....
novembre

dhjetor
....
décembre

rreth
....
cercle

katror
....
carré

drejtkëndësh
....
rectangle

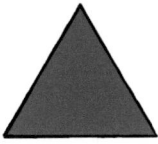

trekëndësh
....
triangle

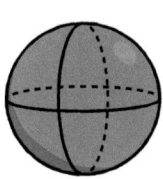

sferë
....
sphère

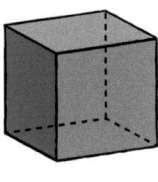

kub
....
cube

e bardhë

blanc

e verdhë

jaune

portokalli

orange

rozë

rose

e kuqe

rouge

vjollcë

violet

blu

bleu

e gjelbër

vert

kafe

marron

gri

gris

e zezë

noir

shumë / pak

beaucoup / peu

i nevrikosur / i qetë

fâché / calme

i bukur / i shëmtuar

joli / laid

fillim / fund

début / fin

i madh / i vogël

grand / petit

i ndritshëm / i errët

clair / obscure

vëlla / motër

frère / soeur

e pastër / e pistë

propre / sale

e plotë / jo e plotë

complet / incomplet

ditë / natë

jour / nuit

gjallë / vdekur

mort / vivant

i gjerë / i ngushtë

large / étroit

i ngrënshëm / i
pangrënshëm
....
comestible / incomestible

i keq / i këndshëm
....
méchant / gentil

i lumtur / i mërzitur
....
excité / ennuyé

i shëndoshë / i dobët
....
gros / mince

e para / e fundit
....
premier / dernier

mik / armik
....
ami / ennemi

plot / bosh
....
plein / vide

e fortë / e butë
....
dur / souple

e rëndë / e lehtë
....
lourd / léger

uri / etje
....
faim / soif

i sëmurë / i shëndetshëm
....
malade / sain

e paligjshme / e ligjshme
....
illégal / légal

i zgjuar / budalla
....
intelligent / stupide

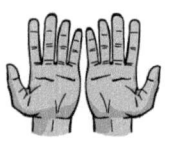

majtas / djathtas
....
gauche / droite

afër / larg
....
proche / loin

e re / e përdorur
nouveau / usé

asgjë / diçka
rien / quelque chose

i moshuar / i ri
vieux / jeune

ndezur / fikur
marche / arrêt

hapur / mbyllur
ouvert / fermé

i qetë / i zhurmshëm
faible / fort

i pasur / i varfër
riche / pauvre

e drejtë / e gabuar
correct / incorrect

i ashpër / i butë
rugueux / lisse

i mërzitur / i lumtur
triste / heureux

i shkurtër / i gjatë
court / long

ngadalë / shpejt
lent / rapide

i lagësht / i thatë
mouillé / sec

ngrohtë / freskët
chaud / froid

luftë / paqe
guerre / paix

të kundërta - oppositions

0

zero

zéro

1

një

un / une

2

dy

deux

3

tre

trois

4

katër

quatre

5

pesë

cinq

6

gjashtë

six

7

shtatë

sept

8

tetë

huit

9

nentë

neuf

10

dhjetë

dix

11

njëmbëdhjetë

onze

12

dymbëdhjetë

douze

13

trembëdhjetë

treize

14

katërmbëdhjetë

quatorze

15

pesëmbëdhjetë

quinze

16

gjashtëmbëdhjetë

seize

17

shtatëmbëdhjetë

dix-sept

18

tetëmbëdhjetë

dix-huit

19

nentëmbëdhjetë

dix-neuf

20

njëzetë

vingt

100

qind

cent

1.000

mijë

mille

1.000.000

milion

million

anglisht

anglais

anglishte amerikane

anglais américain

kinezisht mandarin

chinois mandarin

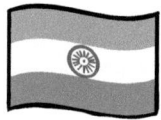

hindi

hindi

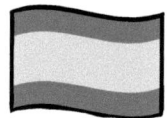

spanjisht

espagnol

frëngjisht

français

arabisht

arabe

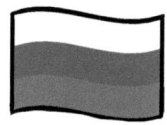

rusisht

russe

portugalisht

portugais

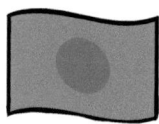

bengalisht

bengali

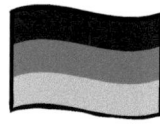

gjermanisht

allemand

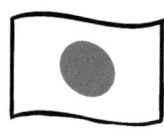

japonisht

japonais

unë
je

ti
tu

ai / ajo
il / elle / ce, c', cela

ne
nous

ju
vous

ata
ils / elles

kush?
Qui ?

çfarë?
Quoi ?

si?
Comment ?

ku?
Où ?

kur?
Quand ?

emër
nom

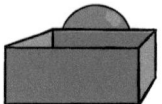

pas
....
derrière

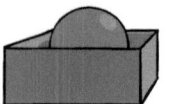

në
....
dans

përballë
....
devant

sipër
....
au-dessus

mbi
....
sur

poshtë
....
en-dessous

pranë
....
à côté de

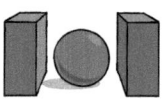

midis
....
entre

vend
....
lieu